PROJET
DE CONSTITUTION
DE LA
PAIRIE NOUVELLE,

Par M. Taillefer.

A PARIS,

CHEZ LEBÈGUE, Imprimeur-Libraire, rue des Noyers, n° 8;
DELAUNAY et LEVAVASSEUR, Libraires, Palais-Royal.

Août 1831.

AVANT-PROPOS.

La Révolution de 1789 a été une grande crise de la Société s'acheminant vers son perfectionnement. Elle a marché à travers ses diverses phases, d'abord de Royauté constitutionnelle, puis de République, de Consulat, d'Empire, de Restauration : elle a marché en dépit, ou peut-être en conséquence des obstacles qu'elle a rencontrés. La Révolution de 1830 est un pas immense qu'elle a fait, surtout en consacrant définitivement la souveraineté populaire et en faisant justice de l'absurde droit divin. Mais elle n'est pas arrivée à son terme. Son terme ! Eh qui peut l'assigner? La perfection, en aucun genre, n'est de notre nature, mais nous pouvons sans cesse faire un pas vers elle, et nous y marchons maintenant. Nous nous en rapprochons un peu, chaque fois que nous réformons un abus ; chaque fois que nous créons une institution utile ; chaque fois que nous améliorons une de celles que nous possédons.

C'est cette considération qui m'a porté à publier quelques Réflexions sur la Pairie.

PROJET DE CONSTITUTION DE LA PAIRIE NOUVELLE.

Avant d'imposer à une nation une forme de gouvernement quelconque, le législateur doit longtemps réfléchir, et bien connaître l'état actuel de la civilisation, les mœurs, les goûts et les antipathies du peuple auquel il prétend dicter des lois; car les institutions, les lois, pour être bonnes et durables, doivent être l'expression de la volonté et des besoins généraux.

Du défaut de ces observations et de ces connaissances, naissent ces utopies, quelquefois séduisantes sur le papier, et souvent fertiles en calamités, si elles viennent à être mises à exécution.

De là aussi ce raisonnement, qui n'est que spécieux : « Tel peuple fleurit au moyen de certaines » institutions; donc elles doivent convenir au bien-

» être du peuple voisin. » Mais démontrez donc d'abord qu'il y a identité dans les besoins et les mœurs des deux peuples.

Quel résultat heureux, par exemple, pouvait-on attendre, en France, de la parodie de la Chambre-Haute du Parlement anglais?

L'examen le plus superficiel de l'état respectif des deux nations aurait démontré de suite que cette institution, qui fit la force de la constitution anglaise, ne pouvait jamais se naturaliser en France.

En effet, lors de la révolution d'Angleterre, l'aristocratie a fait cause commune avec le peuple. Déjà toute puissante par ses grandes richesses commerciales, par ses possessions immenses, par le respect héréditaire qu'avait, pour ces anciennes familles, le peuple, dès long-temps habitué à compter sur leur patronage, et à les regarder comme obstacle au pouvoir absolu des Rois, la noblesse anglaise, loin de voir la révolution dirigée contre elle, y prit une part active, la dirigea à son profit; devint si puissante, que le Gouvernement anglais a, jusqu'à ces derniers temps, été une république aristocratique, plutôt que toute autre chose : d'autant plus que, par l'effet de la corruption et du détestable mode d'élections, la Chambre des Communes n'était, pour ainsi dire, qu'une émanation de celle des Lords.

Où trouver des élémens semblables en France? La révolution de 1789 a été bien plus dirigée contre une caste oppressive, que contre le trône lui-même; ou plutôt cette caste seule a entraîné le trône dans sa chute. Loin de s'allier à la Nation, appelant la réforme des vieux abus, voulant enfin secouer ses chaînes, elle n'a répondu à ses vœux, à ses besoins, que pour les guerres civiles et étrangères. Quarante ans de luttes et de défaites ne lui ont rien fait perdre de ses gothiques prétentions et de son horreur contre la liberté : peu lui importent les destinées, l'existence même de la patrie, pourvu qu'elle conserve ses odieux priviléges. Aussi, toujours portée à nous susciter des embarras de toute nature, toujours prête à appeler l'étranger à son secours, ne trouve-t-elle qu'antipathie parmi nous.

Vertus, richesses, talens, industrie, force, majorité numérique; tout ce qui fait la gloire et le bonheur d'une nation est entre les mains de la classe moyenne, qui nourrit, instruit, occupe, attire sans cesse à elle les classes inférieures qui viennent journellement grossir ses rangs, et ne peuvent jamais se séparer sérieusement d'elle.

Les Français veulent tous la liberté; mais ils ont soif d'une sage égalité. Je dis tous les Français, n'honorant pas de ce nom ces insensés zélateurs d'une gothique féodalité et d'une théocratie décrépite.

Or, quoi de plus opposé à cette sage égalité, que l'hérédité de la Pairie qui, constituant un privilége, avantageux à quelques-uns, est une injure et un fardeau pour la Nation? L'hérédité des magistratures, inconnue aux nations anciennes, a été un des fruits les plus funestes de la féodalité.

Si, comme dans ces temps d'odieuse mémoire,

les dignités, les magistratures sont créées pour le plus grand avantage des titulaires et de leurs familles, qu'elles soient héréditaires; mais si elles ont pour objet le service de la patrie, elles doivent être offertes aux plus dignes.

Or, qui nous garantit que tous les descendans des Pairs seront, à tout-jamais, les plus vertueux, les plus travailleurs, les plus instruits, les plus patriotes? Flattés dès l'enfance, parce que leurs pères sont riches et puissans, et qu'ils doivent succéder à leurs richesses, à leur pouvoir et à leurs titres, ils se croiront bientôt d'une espèce supérieure à celle de leurs concitoyens. Sûrs d'être Pairs par droit de naissance, quels efforts feront-ils pour se rendre dignes d'une si haute magistrature? Ils consumeront dans les plaisirs le temps destiné, par les autres hommes, à l'étude (car on ne se livre pas sans nécessité à de longs et pénibles travaux); ils n'apporteront à la Chambre que leur orgueilleuse nullité et leur ignorante fatuité.

Que les fils des Pairs n'aient pas de droits résultans de leur naissance, ils s'efforceront d'en acquérir de plus nobles; qu'ils travaillent; qu'ils descendent dans la lice et disputent la palme : ils pourront le faire avec avantage; car ils profiteront indirectement de la position sociale de leurs familles.

L'hérédité est-elle, du moins, un gage d'indépendance? L'histoire et notre propre expérience nous prouvent que l'homme vertueux est seul indépendant, et que la corruption a toujours trouvé un accès facile auprès des grands.

L'hérédité de la Pairie ne présentant aucun avantage à la Nation, doit être proscrite *.

En 1814, le Chef de la famille des Bourbons, méconnaissant l'esprit national, pressé de satisfaire aux ambitions léguées par l'empire, et à celles de ses anciens courtisans, appuyé par toutes les baïonnettes de l'Europe, et fort de la lassitude qu'éprouvait la France après vingt-cinq ans de luttes et de combats, crut pouvoir nous imposer une Chambre de Pairs héréditaires.

Il pensait que sa dynastie trouverait dans cette institution une forte garantie, un sûr appui. Sa dynastie régna quinze ans, et en trois jours elle disparut du monde politique !.... Quel appui a-t-elle trouvé dans la Pairie ? Quel secours pouvait lui offrir un corps politique existant, pour ainsi dire, en dehors de la Nation ? La dynastie est renversée, une constitution nouvelle est promulguée, la face de la France est changée, la Pairie elle-même est décimée,

---

* L'hérédité n'a, pour la Nation, d'utilité qu'étant appliquée à la famille de son premier magistrat, du Roi. Mais là elle est nécessaire, elle est indispensable ; car elle sauve la patrie des commotions, des guerres civiles et étrangères auxquelles elle serait exposée à chaque élection du Souverain. En cette circonstance, non-seulement toutes les ambitions, tous les partis seraient chaque fois en présence ; mais nous aurions autant, et peut-être plus, à redouter encore de l'ambition étrangère, nos voisins se disputant à qui influerait le plus sur l'élection.

Héroïque Pologne, tu dois tes longs malheurs à la non-hérédité de tes Rois !

son existence entière est mise en question, sans que la Pairie ait même été consultée, sans qu'elle ait pu prêter le moindre appui à la dynastie déchue, à la constitution changée, opposer le moindre obstacle à la révolution nouvelle, ni faire même entendre la voix dans son propre intérêt; et cependant elle comptait quinze ans d'existence; et cependant elle renfermait dans son sein de hautes capacités, de grandes notabilités dans tous les genres; mais elle était, dès sa naissance, frappée d'impuissance et de mort.

Elle était repoussée par la Nation, qui voyait en elle le représentant des intérêts de l'aristocratie, intérêts hostiles et antipathiques, qui voyait en elle le germe d'une nouvelle féodalité, avec ses priviléges, ses titres, son hérédité, ses majorats, plus odieux peut-être que tout le reste.*

Cette Chambre des Pairs n'était donc qu'une source d'inquiétude, de mécontentement et de perturbation.

Cependant, dit-on, un corps aristocratique est nécessaire entre la royauté et la démocratie, pouvoir intermédiaire placé entre ces deux puissances pour éviter leur choc immédiat, adoucir les frottemens,

---

* Les majorats rompent l'égalité parmi les frères, troublent l'harmonie des familles, concentrent les biens dans un petit nombre de mains, en empêchent la diffusion, et permettent à l'insolent débiteur d'écraser de son luxe les créanciers qu'il a ruinés, et qui ne peuvent rien contre ses biens privilégiés.

servir de contre-poids contre une démocratie turbulente, ou une royauté visant au pouvoir despotique, en un mot elle est nécessaire, dit-on, au maintien de l'ordre établi.

Qu'un corps intermédiaire soit nécessaire entre la Royauté et la Chambre des Députés; que l'Assemblée Nationale ait commis une faute immense en se constituant en assemblée unique, c'est un fait qui me paraît incontestable; mais qu'il soit nécessaire, pour nous tirer de cet embarras, de recourir à une aristocratie maintenant impossible en France, à des priviléges odieux à tous, c'est ce que je ne saurais admettre.

Le Gouvernement, c'est-à-dire, le pouvoir exécutif et le pouvoir législatif réunis, le Roi et les Chambres, le Gouvernement, dis-je, *doit représenter* tous les intérêts, tous les besoins de la Nation.

Le Roi *représente* la France au dehors; il *représente* la force et l'action; il commande la force publique, et gouverne.

La Chambre des Députés *représente* l'opinion du moment, le besoin d'améliorations qui se fait successivement sentir. Essentiellement variable, elle *représente* le mouvement qui nous porte continuellement vers ce qui nous semble le mieux être; mais elle risque, par sa nature, de manquer le but, soit en le dépassant, soit en y courant avec trop de promptitude : les innovations sont de son essence *. Ses

* Si la Chambre des Députés s'est par fois montrée trop méticuleuse, trop stationnaire; si au lieu d'imprimer le

Membres se renouvelant à de courts intervalles, il serait à craindre que ses vues manquassent de fixité. D'ailleurs, obligée de disputer journellement au Roi, ou l'argent, ou les hommes, ou les libertés publiques, une lutte s'établirait entre elle et la royauté; lutte qui entraînerait le renversement de l'un des deux pouvoirs, le bouleversement de l'ordre établi, remettrait tout en question, et nous rendrait la proie de l'anarchie, du despotisme, ou de l'étranger.

Un troisième pouvoir est donc nécessaire : celui-ci est appelé à *représenter* la stabilité.

Il doit être le ferme gardien de nos institutions, résister victorieusement à tout envahissement de la royauté sur les libertés publiques ; mais il doit aussi opposer à la fougue de la Chambre des Députés *, le calme et la modération, peser, avec maturité, toute innovation, toute amélioration ; réprimer les écarts, soit de la royauté, soit de la Chambre des Députés ; être le lien qui les réunit et les maintient, s'interposer entre elles, pour éviter toute collision.

---

mouvement au ministère, elle l'a reçu de lui, c'est sa composition qu'on en doit accuser. Trop de fonctionnaires garnissent ses rangs, d'où ils devraient être, si non bannis entièrement, du moins éloignés en grande partie. La faute est, non à l'institution, mais aux Électeurs.

Patience; nous apprendrons le gouvernement représentatif!

* Quand elle sera entièrement ce qu'elle doit être.

Ce Corps modérateur, quelque soit son nom, Sénat ou Chambre des Pairs (le nom de Sénat me paraît beaucoup plus convenable), doit ne pouvoir être brisé ni faussé par l'un des deux autres. Ainsi, point de dissolution possible, point d'adjonction illimitée de membres, à chaque changement de système, et que ses portes ne soient pas ouvertes à tout administrateur renvoyé par la voix publique, ou la volonté du pouvoir exécutif.

Que le Sénat ne soit ouvert qu'à des pères de famille d'un âge mûr. L'homme, avant quarante ans, peut manquer du calme et de l'expérience nécessaires, et le père de famille offre le plus de garantie. Que ces conditions ne souffrent d'exception que si la Pairie est accordée comme récompense nationale.

Qu'aucune condition de cens ne vienne entraver l'élection. Le Sénat réclame tout homme d'un mérite éminent, quelle que soit sa fortune.

Ce Sénat représente la fixité; ses Membres doivent être nommés à vie. Se recrutant insensiblement, ses doctrines ne seront pas sujettes à de grandes et brusques variations ; elles se perpétueront, et cette stabilité s'imprimant sur toutes nos institutions, leur prêtera une force qu'elles ne peuvent attendre que du temps.

Et qu'on ne craigne pas qu'un tel Corps, recruté parmi l'élite intelligente de la Nation, voulût la rendre stationnaire ! Non ; il proposera ou embrassera avec joie toute sage amélioration, n'opposant son *veto* qu'aux innovations dangereuses ou intempestives.

En lui reposent les plus hautes destinées de l'État. Il ne doit donc être composé que de hautes capacités éprouvées et reconnues par la Nation, le Roi et le Sénat lui-même.

Le Roi ayant annoncé à la Chambre des Députés son intention de nommer tel nombre de Pairs, celle-ci faisant, en cette circonstance seule, les fonctions de corps électoral, présenterait pour chaque place, un certain nombre de Candidats; le Sénat les réduirait du quart, et le Roi nommerait parmi les Candidats restans *.

Ainsi, la Nation, par ses Députés et chacun des deux autres grands pouvoirs de l'État, ayant concouru à la nomination des Sénateurs, ceux-ci, investis de tant de confiance, en recevraient plus de lustre, plus de pouvoir moral, et la Nation aurait une garantie de plus de la bonté des choix.

Je propose d'attribuer à la Chambre des Députés la présentation des candidats, parce que, planant en quelque sorte sur toute la France, elle est en position d'en connaître tous les hommes vraiment distingués en tous genres; et ne sera point, comme les électeurs le pourraient être, influencée par l'esprit de localité. Ce n'est pas ici tel ou tel département qui présente, c'est la France par ses représentans réunis.

Le nombre des Pairs ou Sénateurs doit être réglé en minimum et maximum, fixes et invariables.

---

* Je suppose, pour chaque place, douze candidats, réduits à neuf par la Chambre des Pairs.

Mais, qu'il existe entre ces deux extrêmes une latitude assez grande pour laisser au Roi (toujours avec le concours de la Chambre des Députés), la faculté de nommer des Pairs nouveaux, soit pour récompenser de grands services, soit pour renouveler l'esprit d'une Chambre qui se montrerait hostile ou trop stationnaire.

De telles adjonctions de Pairs ou Sénateurs seraient sans danger, le maximum ne pouvant être dépassé, et les candidats étant présentés par la Chambre des Députés.

Je suppose une Chambre des Pairs composée de deux cents Membres au moins, et de deux cent cinquante au plus.

Le minimum étant dépassé de vingt-cinq*, si le Roi proposait alors de nouvelles nominations, la Chambre des Députés ayant présenté des observations contre l'augmentation projetée, la proposition devrait être alors renvoyée à une Chambre nouvelle ou retirée.

Il est de la prudence de ne laisser atteindre le maximum que le plus rarement possible, l'adjonction de quelques Pairs nouveaux pouvant à tout moment devenir utile et quelquefois nécessaire.

Dans le cas où le Ministère voudrait atteindre le maximum ou même en approcher, la Chambre des Députés doit avoir la faculté d'examiner si cette mesure est proposée dans l'intérêt du pays ou

---

* La Chambre étant portée de deux cents, qui est le minimum, à deux cent vingt-cinq.

seulement du Ministère, et, dans ce dernier cas, elle doit avoir le droit de s'y opposer; permis alors au Gouvernement d'en appeler à une Chambre nouvelle.

Les fonctions de Pairs ou Sénateurs doivent-elles être rétribuées? Je n'hésite point à soutenir l'affirmative.

La Pairie doit être la récompense ou de services éclatans rendus à l'État, ou d'une carrière illustrée par de longues vertus, des lumières supérieures et éprouvées : elle doit être le but et le terme des plus nobles ambitions. Or, l'homme supérieur privé de fortune pourrait-il prétendre à la Pairie non rétribuée. La Nation, en ce cas, ne pourrait-elle regretter de voir la Pairie veuve de ses vertus et de ses talens?

Un noble traitement offert par la Nation, ne fait qu'honorer l'homme qui en est jugé digne.

Mais quoi de plus avilissant pour le premier corps de l'État, que ces pensions secrètes ou ces gratifications accordées à ses membres suivant le bon plaisir d'un Ministre? Sont-elles toujours le prix de la résistance à ses profusions, ou à ses tentatives contre la liberté?

Pour concilier, autant que possible, l'économie avec des appointemens à accorder aux Pairs ou Sénateurs, peut-être serait-il convenable que le Pair présentât *hautement* et *légalement* l'état réel de ses biens, et que le traitement fût en proportion, et calculé de manière à faire atteindre la fortune à un minimum fixé par la loi; excluant du traitement ceux dont l'avoir serait suffisant ou surpasserait le minimum.

Et qu'on ne vienne point alléguer la délicatesse qui ferait répugner le Pair à exposer ainsi publiquement son bilan. Celui dont la fortune serait suffisante, n'aurait que cette seule déclaration à faire. L'autre pourrait-il rougir d'exposer aux yeux de tous une médiocrité de fortune, ou même une honorable pauvreté qui n'aurait pas éloigné de lui une si haute marque de confiance ? Loin d'en rougir, il pourrait y puiser un motif d'orgueil.

Est-il sans inconvénient que les citoyens qui occupent des places importantes dans l'administration, la magistrature, l'armée, etc., abandonnent leurs fonctions pendant la durée des sessions pour assister à la Chambre des Pairs? ou qu'ils laissent la Chambre veuve de leurs lumières et de leur patriotisme, pour ne pas abandonner pendant les sessions l'exercice de leurs emplois?

Le Pair qui court en même temps une autre carrière publique, ne peut-il être influencé par l'espoir de l'avancement ou la crainte de la destitution?

Ne doit-il pas être complètement indépendant du Ministère, celui qui peut, à tout moment, être appelé à le juger?

Et le Pair qui se fait une grande fortune des forts appointemens qu'il perçoit, est-il toujours bien disposé à voter, ou la suppression de l'emploi, ou la réduction du traitement?

Il est temps d'entrer dans les voies de l'économie dont nous sommes en vain bercés depuis si longtemps; et un moyen d'y parvenir, c'est de ne pas mettre sans cesse les hommes entre leur intérêt et leurs devoirs.

Je voudrais donc que le Pair ou Sénateur, satisfait de faire partie du premier corps de l'État, consacrât tout son temps, toutes ses veilles à se rendre complètement digne d'une si haute magistrature. Que, dans l'intervalle des sessions, il se prépare à la lutte; qu'il consulte le pays, qu'il voyage, examine, réfléchisse, et les cessions seront plus riches en résultats.

En un mot, la dignité de Pair doit être incompatible avec tout autre emploi, sauf les rares exceptions dont nous parlerons.

Une nouvelle considération vient fortifier cette opinion.

Qu'un grand citoyen, après avoir rendu à la patrie des services éminens, devienne inquiétant pour les libertés publiques, qu'il fasse craindre l'intention de s'emparer de la toute-puissance; paierez-vous ses services d'ingratitude? Aurez-vous recours à l'ostracisme? Ou la Nation attendra-t-elle en silence qu'il ait assez mûri son plan liberticide, pour qu'elle soit contrainte de subir son joug?

Qu'une récompense nationale et la dignité de Pair (*avec son incompatibilité*), vienne satisfaire et la reconnaissance et à la fois la prudence nationales.

La presse étant toujours prête à sonner l'alarme pour la défense et la conservation des libertés publiques, signalera bientôt les projets du nouveau Cromvell. Le Roi et chacune des Chambres *pouvant isolément prendre l'initiative* pour proposer la Pairie récompense nationale, comment l'ambitieux échappera-t-il à tant de surveillance?

Or, la Pairie, *ne pouvant en ce cas se refuser*, à peine est-elle déférée au grand citoyen, que l'épée lui tombe des mains, ou que, par sa désobéissance, il se met hors la loi; affiche ses projets avant leur maturité, dessille tous les yeux, et n'est plus qu'un rebelle ordinaire, et probablement peu à craindre.

Faudra-t-il pour déférer la Pairie, *en pareil cas*, l'unanimité des trois pouvoirs?

L'un d'eux ne pourrait-il pas se servir du grand citoyen comme d'un agent dévoué? Et si l'unanimité des trois pouvoirs était indispensable, comment briser ce dangereux instrument de l'un d'eux?

Les deux Chambres sans le concours du Roi, le Roi réuni à l'une des deux Chambres et sans le concours de l'autre, doivent, *en ce cas*, pouvoir *imposer* la Pairie et la récompense nationale.

Les Nations se montrent toujours trop confiantes, et la liberté périt faute de précautions conservatrices. Mieux vaudrait une défiance méticuleuse, qu'un laisser-aller toujours si dangereux.

L'incompatibilité entre la Pairie et toute espèce de place doit-elle être absolue? Oui, en thèse générale.

Néanmoins, dans des cas particuliers et rares, l'État pourrait regretter d'être ainsi privé de quelque grande capacité spéciale. Qu'alors l'incompatibilité cesse temporairement pour cet être privilégié; qu'une loi l'en relève momentanément; mais qu'il rentre sous la loi commune aux Pairs dès que deux des grands pouvoirs le jugeront utile.

Par ce moyen le ministère, le commandement des armées, les ambassades, etc., pourront être confiés à des Pairs : l'État pourra profiter de leur génie, sans redouter leur ambition.

Entourons l'arche de la liberté de barrières puissantes, et que l'audacieux, qui essaierait d'y porter une main sacrilége, tombe aussitôt frappé d'impuissance absolue.

Pour que le Sénat (ou Chambre des Pairs) puisse remplir dignement l'attente de la Nation, être en harmonie avec nos mœurs actuelles, le problême consiste à le purger de l'hérédité et des priviléges de l'aristocratie, sans qu'il devienne une doublure de la Chambre des Députés. Que le Roi conserve en tout temps, sur sa composition, une salutaire influence, sans que les ministres puissent le considérer comme une retraite assurée à eux et à leurs amis. Qu'il ait une grande force morale qui le mette à même de contre-balancer le pouvoir du Roi et celui de la Chambre des Députés. Qu'il tienne à la Nation par des racines profondes.

Je crois avoir résolu le problême en proposant :

1°. Un Sénat ou Chambre des Pairs, où *les fils* des titulaires *n'auraient, comme tels, aucun droit acquis*, et composé de *Pères de famille* âgés de quarante ans au moins.

2°. Que le nombre des Membres soit fixé en minimum et maximum.

3°. Que la Chambre des Députés soit constituée en corps électoral, pour la présentation de candidats en assez grand nombre, pris, soit en totalité, soit en partie, hors de son sein.

4°. Que la Chambre des Pairs réduise le nombre des candidats d'un quart.

5°. Que le Roi nomme parmi les candidats ainsi réduits.

6°. Que le minimum des Membres étant dépassé de moitié de la latitude laissée entre le minimum et le maximum, la Chambre des Députés puisse s'opposer à de nouvelles nominations.

7°. Que les Pairs ou Sénateurs reçoivent un traitement.

8°. Qu'il y ait incompatibilité entre la Pairie et toute autre fonction, sauf les exceptions prononcées chaque fois par une loi *ad hoc*.

9°. Que la Pairie avec son incompatibilité, déférée comme récompense nationale, ne puisse jamais être refusée.

10°. Qu'en ce cas deux des trois Membres du Souverain * puissent *imposer* la Pairie.

Une loi transitoire sera nécessaire pour régler le sort des Pairs siégeant aujourd'hui. Je pense qu'on y doit puiser le noyau de la Pairie nouvelle.

Mais la Pairie actuelle sera-t-elle appelée à discuter la loi qui doit la priver de son hérédité et de ses priviléges? Pourra-t-elle y opposer son *veto?*

Quand la Chambre des Députés de 1830 a consacré la révolution de Juillet, quand elle a déféré la royauté, discuté et decrété *seule* une Charte nouvelle, elle a incontestablement usé du pouvoir constituant **. Or, la Charte est UNE. Le pouvoir constituant qui en a décrété *seul* tous les autres articles,

---

* J'entends ici par *Souverain*, le Roi réuni aux deux Chambres.

** La Charte se termine par ces mots : Délibéré au palais

doit aussi discuter et décréter *seul* l'article relatif à la Pairie. Cet article a été renvoyé à un an ; mais ce renvoi ne fait pas novation, ne dépouille pas la Chambre des Députés du pouvoir qu'elle exerçait et qu'elle *doit* continuer à exercer pour parfaire la Constitution, *son propre ouvrage*.

Faire maintenant dépendre le sort de la Pairie à venir du concours de la volonté de la Pairie actuelle, qui a un intérêt vital à s'opposer aux vœux énoncés par presque tous les colléges électoraux, contre ses priviléges, serait une déception. La Pairie actuelle peut faire preuve de patriotisme et de désintéressement en appelant elle-même les réformes demandées ; mais elle ne peut s'y opposer.

Le pouvoir constituant, relativement à la constitution de la Pairie (*et pour cet objet seulement*), réside aujourd'hui dans la Chambre des Députés *seule*. Il y réside comme partie intégrante de celui en vertu duquel elle a fait les autres articles de la Charte. Elle avait le même pouvoir sur l'article 23. Elle n'en a point usé alors ; mais elle ne s'en est pas dépouillée : au contraire, *elle* a décidé *qu'elle* renvoyait la question intacte à la session suivante.

La France s'est dotée d'une royauté constitutionnelle, populaire, toute-puissante pour le bien,

---

de la Chambre des Députés, le 7 Août 1830. Signé LAFFITTE, Président, et les quatre Secrétaires.

Le serment du Roi est ainsi exprimé..... Je jure d'observer fidèlement la Charte constitutionnelle *avec les changemens* et modifications *exprimés dans la déclaration de la Chambre des Députés*, etc.

impuissante pour le mal, d'une Chambre des Députés, représentant véritablement la Nation ; qu'elle se dote maintenant d'un Sénat en harmonie avec ces deux corps, en harmonie avec les lumières et les besoins de la Nation.

Perfectionnons nos institutions ; rester stationnaires serait annoncer que nous pensons avoir atteint le terme des améliorations possibles ; or, tant que nous paierons un budjet d'un milliard et demi, tant que des priviléges viendront encore nous affliger ; tant qu'il restera un dixième de la France inculte ; tant que moitié de ses habitans seront privés de toute instruction ; tant que. . . . etc., etc., . . .

. . . .

. . . .

nous pourrons nous croire loin, bien loin du but ; moins loin cependant que nous ne l'ayons jamais été.

Rétrograder de quarante ans (comme le rêvent quelques personnes), serait une étrange manière d'avancer. Que les gens de bonne foi y réfléchissent. Quant aux autres, qu'ils sachent qu'un peuple éclairé et plein de vigueur marche en avant et jamais en arrière. 1789 est notre glorieux point de départ ; nous éprouvons, de même qu'alors, le besoin d'améliorations ; mais nous avons, sur cette époque si belle, l'avantage de quarante ans d'expérience et de progrès. Nous avons marché ; nous marcherons.

Paris. Imprimerie de LEBÈGUE, rue des Noyers, n. 8.

impuissante pour le mal, d'une Chambre des Députés, représentant véritablement la Nation ; qu'elle se dote maintenant d'un Sénat en harmonie avec ces deux corps, en harmonie avec les lumières et les besoins de la Nation.

Perfectionnons nos institutions représentatives serait annoncer que nous pensons avoir atteint le terme des améliorations possibles ; tant que nous paierons un budget d'un milliard et demi, tant que des privilégés viendront encore nous affliger ; tant qu'il restera un dixième de la France inculte ; tant que moitié de ses habitans seront privés de toute instruction [illegible] etc., etc., . . .

. . . .

. . . .

nous pourr[illegible] loin du but ; moins loin [illegible]ons jamais été.

N'en[illegible]me le rêvent quelques p[illegible]ange manière d'avancer. Que les gens de bonne foi y réfléchissent. Quant aux autres, qu'ils sachent qu'un peuple éclairé et plein de vigueur marche en avant et jamais en arrière. 1789 est notre glorieux point de départ ; nous éprouvons, de même qu'alors, le besoin d'améliorations ; mais nous avons, sur cette époque si belle, l'avantage de quarante ans d'expérience et de progrès. Nous avons marché ; nous marcherons.

Paris. Imprimerie de LEBEL, rue des Noyers, n. [illegible]

www.ingramcontent.com/pod-product-compliance
Lightning Source LLC
LaVergne TN
LVHW021530140926
848035LV00047B/1282